Lb 56/140

# LA FRANCE ET LA RUSSIE.

## NAPOLÉON III

ET

## LE CZAR.

La France sera bonapartiste ou cosaque

PAR

## CH. PIEL DE TROISMONTS.

*Prix : 75 centimes.*

CHEZ MICHEL LÉVY, RUE VIVIENNE, 2.
1854.

# LA FRANCE ET LA RUSSIE.

## NAPOLÉON III

ET

## LE CZAR.

La France sera bonapartiste ou cosaque.

PAR

**CH. PIEL DE TROISMONTS.**

CHEZ MICHEL LÉVY, RUE VIVIENNE, 2.
1854

La France et l'Europe ont lu l'admirable lettre de Napoléon III à l'empereur de Russie. Napoléon III avait fait un dernier et sublime effort pour conserver la paix sans perdre la dignité.

L'empereur Nicolas n'a pas voulu comprendre la magnanimité d'une pareille démarche, et il vient de répondre : NON.

Cette grande faute de l'empereur Nicolas sera l'expiation de l'ambition exorbitante de Pierre-le-Grand. L'empereur Nicolas a cru avoir affaire au roi Louis-Philippe. Cette erreur de date lui coûtera cher.

Pour tout homme qui a du bon sens et en même temps du patriotisme, la question vient d'être posée aujourd'hui d'une façon souveraine.

Les Cosaques seront-ils les maîtres de l'Europe ? Telle est la question. Il est permis aux hommes de 1815 de ne placer leurs espérances que sur une invasion ; il est permis aux vieux partis de semer leur argent dans des vues anti-nationales.

L'Histoire demande la parole, et comme l'Histoire est toujours inscrite la première, elle a la parole.

I.

La France est remontée au rang que son histoire lui assigne parmi les nations. L'homme d'Etat le plus considérable du dernier règne, M. Guizot, avait dit un jour ce mot fameux : « *La France n'est plus que la première des puissances de second ordre.* » Toute la pensée du dernier règne est résumée dans cette phrase historique. Pour bien comprendre ce mot et tout le système politique dont il est l'expression, et, pour ainsi dire, l'épigraphe (et si, en matière aussi grave, il nous était permis de faire un jeu de mots, on pourrait dire l'épitaphe ), il faut remonter plus haut ; il faut remonter aux événements de 1815.

En matière de raisonnement, tout dépend du point de départ. Si votre esprit est juste, mais si le point de départ de votre raisonnement ne l'est point, vous aboutissez nécessairement à de fausses conséquences. Plus vous aurez de puissance de logique même, plus vous conclurez à faux. C'est ce qui explique comment des hommes d'Etat, auxquels on ne peut contester la hauteur de la pensée et la vigueur de l'intelligence, se sont complètement trompés sur le rôle que la France doit jouer dans le monde, sur le présent et sur l'avenir de nos destinées.

De même que 1789 est le point culminant d'où on voit, dans toute sa vérité, l'histoire moderne de la France, et ce qui en découle, de même 1815 est l'écueil du haut duquel on ne distingue plus les choses telles qu'elles sont, d'où tout apparaît à travers des brouillards et des nuages.

C'est pour cela que les hommes d'Etat qui

ont voulu faire tout dériver de 1815, ont tout brouillé, tout confondu, malgré leur éloquence et leurs talents, et ont, deux fois en trente-trois ans, mené la France aux bords des abîmes. 1789 était une loi, la loi souveraine des temps modernes. — 1815 ne fut qu'un accident, un accident malheureux.

En 1815, ce n'était pas la France livrée à elle-même qui faisait sortir de ses entrailles, dans un enfantement douloureux, une société nouvelle; c'étaient les gouvernements de l'Europe qui, jaloux de la gloire de nos armes, qu'ils avaient subies pendant vingt ans, prenaient leur revanche dans un jour de malheur.

En 1815, l'Europe coalisée n'obéissait pas même à ce que M. de Talleyrand appela *le principe de la légitimité*; l'Europe n'obéissait qu'à des sentiments de vengeance et de rancune, et les discussions des têtes couronnées, dans le grand salon de la rue Saint-Florentin, ne le prouvent que trop. L'Europe ne voulait alors qu'une chose : c'était abattre et enchaîner le génie de l'homme miraculeux qui la faisait trembler depuis si longtemps. N'ayant plus qu'une médiocre confiance dans les Bourbons, et voulant avant tout poser son pied sur la tête du colosse de notre gloire, l'Europe songea, pour la couronne de France, à un prince de la maison de Cobourg; elle songea à Bernadotte; elle ne revint à Louis XVIII qu'à la suite de négociations fort connues, où le premier rôle appartient à de grands traîtres. On négocia la couronne de France comme on négocie un emprunt. Les intérêts et les dividendes furent stipulés comme dans une opération de banque; et la chose dont on s'enquit le moins fut le sentiment national.

Tous nos malheurs, tous nos désordres politiques descendent en droite ligne de cette faute immense de l'Europe.

A partir de ce moment, la plupart des hommes politiques ont été déroutés. Toute l'histoire de la Restauration, toute l'histoire de la révolution de juillet doivent être étudiées, pour être bien comprises, sous cette lumière.

## II.

La Restauration essaya bien de se laver de son péché originel, parce que des intelligences aussi élevées que celles de MM. de Chateaubriand, de Serres, etc., ne pouvaient point ne pas comprendre qu'un gouvernement imposé ne peut jamais être un gouvernement national. On brûla de la poudre maladroitement en Espagne, généreusement à Navarin, héroïquement devant Alger; mais rien, en politique, ne change les positions radicalement fausses, et la Restauration en fut pour ses frais de poudre ; elle ne put jamais devenir nationale.

Lorsqu'arriva la révolution de 1830, si l'homme que cette révolution plaçait à sa tête n'avait pas été, après tout, un homme de 1815, qui était rentré en France dans les fourgons des Cosaques, le gouvernement de 1830 eût pu rompre avec la tradition politique de 1815, se rattacher sincèrement à l'anneau de fer de 89, et fonder un pouvoir à l'image du pays, qui eût effacé toutes les traces de l'invasion et qui eût renoué la véritable tradition de la France moderne. Les espérances furent de courte durée, et l'on vit bientôt que cette monarchie, sortie d'une révolution avortée, n'était que la suite de la monarchie sortie de l'invasion.

La Restauration avait suspendu ses paiements : la Monarchie de juillet se chargeait de la liquidation et prenait la suite des affaires.

Voilà la vérité historique.

## III.

Il ne nous convient pas d'insulter les morts : ces deux gouvernements sont tombés; nous aurions pu leur dire des choses dures pendant qu'ils étaient debout ; nous ne voulons leur dire que des choses justes, maintenant qu'ils sont à terre.

L'école doctrinaire, qui a joué un si grand rôle depuis 1815, avait un mot qu'elle affectionnait dans son orgueil, lorsqu'elle voulait juger les gens ; elle disait d'un homme qu'elle voulait frapper de médiocrité : « Il ne comprend pas. » Eh bien, on peut appliquer ce mot aux gouvernements de 1815 et de 1830. Ils n'ont pas *compris*.

Il est bien possible que le cœur leur ait moins fait défaut que l'intelligence ; mais il faut tenir compte de la situation, de l'éducation des hommes ; il ne faut demander à chaque arbre que le fruit qu'il peut donner. On ne pouvait pas demander naturellement à Louis XVIII et à Charles X, expropriés par la révolution, de se faire les continuateurs de cette révolution. On ne pouvait pas demander à Louis-Philippe qui, lui, n'était pas l'ennemi naturel de la révolution, mais qui était l'ami naturel de 1815, on ne pouvait pas lui demander de réagir contre l'Europe, laquelle lui avait rendu la patrie en 1815, et donné des subsides pendant l'émigration.

Il ne faut jamais oublier, du reste, que M. le duc d'Orléans avait demandé un commandement en Espagne pour *écraser* les armées françaises.

En politique, les plus petits événements dans la vie des hommes, ont des conséquences énormes. Ce n'est rien en apparence de faire un voyage à Gand, pour aller saluer un roi en fuite, et pourtant c'est un événement qui pèse sur toute une vie. L'homme qui est allé à Gand, qui a entendu avec un frémissement de joie le canon de Waterloo, cet homme, *malgré qu'il en ait*, n'aura jamais le sentiment de la nationalité, et il dira fort naturellement ce que nous disions plus haut : la France n'est que la première des puissances de second ordre.

Ainsi, le gouvernement de la branche aînée et le gouvernement de la branche cadette ont manqué à leur mission parce qu'ils *n'ont pas compris*.

Voyons maintenant si la République de 1848 qui, elle, devait comprendre, n'a pas manqué à la sienne.

## IV.

Pour tout penseur de bonne foi, la Révolution du 24 Février fut une protestation contre la politique qui, depuis 1815, abaissait la France. 1830 avait été une protestation manquée, quoique victorieuse; 1848 avait sa source dans les mêmes sentiments, et nous devions marcher de protestation en protestation, c'est-à-dire de révolution en révolution, jusqu'au jour où ce sentiment devait être satisfait.

Que la révolution vînt d'en bas, qu'elle vînt d'en haut, c'est tout un. Le patriotisme de la

France ne pouvait pas continuer à être humilié et à passer sous les fourches caudines. Malheureusement, le gouvernement dictatorial sorti du 24 Février ne se montra pas en mesure de mieux relever l'orgueil national que n'avait fait le gouvernement précédent. Ce n'est peut-être pas la volonté qui lui manqua, c'est la possibilité. Il est difficile, en effet, à un gouvernement qui a sur les bras d'effroyables complications intérieures, d'avoir une grande attitude devant les nations voisines. La Convention avait eu le courage du désespoir, mais ce sont de ces choses qui n'ont lieu qu'une fois dans l'histoire. Pour se montrer fort au dehors, il faut être fort au dedans.

La République, sans assiette véritable, pouvoir de fantaisie et de hasard, dictature d'une heure, était condamnée à ces deux extrémités : faire de la terreur ou de la faiblesse. La République fut faible, et il faut encore lui en savoir gré : c'est ce qu'elle avait de mieux à faire.

## V.

Ici, nous arrivons au gouvernement naturel de notre pays, c'est-à-dire au gouvernement monarchique procédant de la révolution de 89.

La honte de notre temps sera de n'avoir pas compris que la monarchie, seul gouvernement logique de ce pays, n'était possible qu'avec les Bonaparte; mais ce n'est pas là la question qui nous occupe en ce moment. Passons.

Une fois la famille Bonaparte replacée par le suffrage universel à la tête de la Révolution, c'est-à-dire le lendemain du 10 Décembre, la société moderne était reconstituée sur ses véritables bases : la France avait retrouvé sa voie.

Il faut que l'on comprenne bien ceci : la monarchie de 1815 et la monarchie de 1830 devaient logiquement tomber devant la République, parce que la première reposait sur les classes féodales aristocratiques, et la seconde, sur une nouvelle aristocratie, — l'argent des classes bourgeoises. De ces deux monarchies mal faites devait sortir nécessairement la République ; de même que, de la République faite mal à propos, devait sortir nécessairement la monarchie bien faite, la monarchie des Bonaparte.

Les Orientaux disent : « C'était écrit. » C'est nous qui, depuis soixante ans, devrions dire : « C'était écrit. » Jamais la logique n'a eu de plus grands succès dans le monde ! Et ce qui prouve bien que le chef de la dynastie des Bonaparte comprend admirablement la réalité des choses, c'est qu'il n'a jamais fait un pas précipité, qu'il n'a avancé, dans ce qui pouvait passer pour son intérêt personnel, que poussé par la force des événements.

Un jour, des partisans enthousiastes de la cause napoléonienne disaient au Prince que les suffrages populaires avaient placé à la tête de la République : « La France demande à en finir et aspire à l'état monarchique qui lui est naturel ; agissez, Prince ! » — Le Prince répondit : « Il faut que l'expérience soit faite jusqu'au bout ; la République est entre mes mains ; je ne la tuerai pas ; il faut qu'elle meure de sa belle mort. »

Mot admirable, et qui prouve à quel point le chef de la dynastie napoléonienne allait au fond des choses, et comprenait la loi des temps modernes et la mission de sa dynastie.

## VI.

Lorsque Napoléon III, alors encore Président de la République, mais porté, par l'enthousiasme de la France entière, au rang suprême, disait à Bordeaux cette grande parole : « L'Empire, c'est la paix, » Napoléon III établissait la différence entre l'Empire sortant de la première République, et l'Empire sortant de la seconde. Le premier Empire pouvait passer, aux yeux des hommes d'Etat d'Europe, pour la Révolution continuée ; le second n'était évidemment que la Révolution arrêtée. Puisque la Révolution sortait toujours des accidents de l'histoire de France, elle n'était pas une Révolution factice, une simple fantaisie démagogique ; mais, d'un autre côté, puisque cette Révolution française ne trouvait un point d'arrêt que lorsqu'elle rencontrait un Bonaparte, la loi existait désormais ; la Révolution était légitime avec la dynastie napoléonienne.

Le Prince Président avait dit : « l'Empire, c'est la paix, » ce qui voulait dire : l'Empire, c'est la fin des mal-entendus. Avec l'Empire, la France est rentrée comme le wagon dans son rail : elle marche à ses destinées.

Pour qui comprend cette grande phrase, *l'Empire, c'est la paix*, voulait dire aussi : La France Impériale ne fera point de guerre de conquêtes. Que son ambition d'agrandissement ne tourmente pas les nations voisines ! Après des essais infructueux, après des tentatives malheureuses, la France est rentrée dans sa loi naturelle, et elle peut dire : Paix aux nations de bonne volonté !

Mais qu'on ne s'y trompe pas ! cette phrase admirable du plus grand homme politique qu'ait eu la France moderne : *l'Empire, c'est la paix*, disait exactement le contraire de ce que les hommes d'Etat de Louis-Philippe avaient dit : *la paix et partout et toujours ; la paix à tout prix*. Qu'on établisse bien la différence ! les hommes d'État de Louis-Philippe, abaissés et humiliés devant l'Europe, disaient : *la paix à tout prix* ; ici, au contraire, c'est un homme que l'Europe redoute, un homme qui avait, en tant qu'héritier de Napoléon, sa revanche à prendre ; c'est un homme de qui l'Europe attendait la guerre, et qui vient vous dire : « Je suis la paix. »

En parlant ainsi, Napoléon III avait fait un sacrifice héroïque, tandis que Louis-Philippe avait commis purement et simplement une bassesse.

*Nous voulons la paix*, voulait dire de la part de Louis-Philippe : nous accepterons tout ce que les puissances étrangères voudront bien nous imposer.

*L'Empire, c'est la paix,* voulait dire : je ne ferai pas la guerre. Mais c'était une concession extrême. Cela voulait dire en même temps : la France ne se laissera plus humilier et ne sera plus *la première des puissances de second ordre.*

Elle sera la France des Croisades; elle sera la France de Louis XIV ; elle sera la France de Napoléon.

La Nationalité française n'existait plus ; Napoléon III lui a redonné la vie.

## CONCLUSION.

La faute immense qu'a commise, au point de vue de sa suprématie et de son honneur, l'Empereur Nicolas, ne vient que d'une question de date. Si le Czar n'avait eu en face de lui que les d'Orléans ou le général Cavaignac, il eût eu raison depuis le commencement jusqu'à la fin.

Mais en se trouvant en face de Napoléon III, en face de l'héritier de l'Empereur Napoléon I$^{er}$, en face de celui qui eût été le premier des Bonapartes, s'il n'était pas le troisième, il a eu tort de l'alpha à l'oméga.

Ceux qui ont lu cet écrit comprendront que la nationalité française n'existait plus depuis 1815, et que ce sont les Bonapartes, c'est-à-dire les véritables héritiers dynastiques de 89, qui ont relevé la France et en ont fait le cœur et la tête du monde.

Nous aurions été Russes, nous resterons Français.

Tel est le sens de la dynastie Napoléonienne. Malgré eux, les Bourbons nous perdaient ; les Bonapartes nous relèvent. Pour les aveugles, la preuve aurait pu se faire attendre. Le Czar nous a rendu un grand service en nous fournissant l'occasion de cette preuve sans retard.

Lorsqu'à Sainte-Hélène Napoléon Ier, dans le désespoir du génie, avait lancé cette prophétie qui avait fait un si grand chemin dans le monde, il s'était oublié lui-même avec une modestie qu'on pourrait appeler divine. La grande pensée de l'empereur Napoléon Ier, dans sa signification véritable, veut dire ceci :
« Ou Bonapartistes, ou Cosaques. »

Nous serons Bonapartistes et point Cosaques : nous serons Français !

Paris. — Imp. de Mme de Lacombe, r. d'Enghien, 14.

Paris. — Imp. de Mme de Lacombe, r. d'Enghien, 14.

www.ingramcontent.com/pod-product-compliance
Lightning Source LLC
Chambersburg PA
CBHW060917050426
42453CB00010B/1768